O SEGREDO DE MARIA

São Luís Maria Grignion de Montfort

MISSIONÁRIOS MONFORTINOS

O SEGREDO DE MARIA

Resumo do Tratado da Verdadeira
Devoção à Santíssima Virgem

EDITORA
SANTUÁRIO

DIREÇÃO EDITORIAL: Pe. Fábio Evaristo R. Silva, C.Ss.R.
COORDENAÇÃO EDITORIAL: Ana Lúcia de Castro Leite
COPIDESQUE: Luana Galvão
REVISÃO: Leila Cristina D. Fernandes
DIAGRAMAÇÃO E CAPA: Mauricio Pereira

Centro de Difusão da Espiritualidade Monfortina
Caixa Postal 5
35931-971 - João Monlevade - MG

ISBN 85-7200-534-X

23ª impressão

Todos os direitos reservados à **EDITORA SANTUÁRIO** – 2018

Rua Pe. Claro Monteiro, 342 – 12570-000 – Aparecida-SP
Tel.: 12 3104-2000 – Televendas: 0800 - 16 00 04
www.editorasantuario.com.br
vendas@editorasantuario.com.br

INTRODUÇÃO

A breve obra de São Luís Maria Grignion de Montfort, intitulada *O Segredo de Maria – Resumo do Tratado da Verdadeira Devoção à Santíssima Virgem –*, tem o mesmo objetivo que o Tratado, a saber, descobrir o papel especial da Santíssima Virgem na História da Salvação e reconhecê-lo através de uma autêntica consagração a Ela.

O Santo dirigiu este escrito a "uma religiosa de Nantes" ou a "uma pessoa piedosa". Segundo parece, trata-se de uma das moças à qual Montfort havia confiado em 1710 o Hospital dos Incuráveis de Nantes.

O texto desenvolve-se como uma carta, sem títulos nem subtítulos. Os títulos e números que o presente texto apresenta foram acrescentados só para facilitar a leitura e as referências.

O título atual da obra não é próprio de São Luís. Deve-se aos editores, que quiseram aproveitar uma expressão da obra: "Feliz e mil vezes feliz é a alma a quem o Espírito Santo revela o Segredo de Maria para que o conheça!" (SM 20).

Montfort pega o termo "segredo" da cultura popular para apresentar uma realidade misteriosa, inacessível só pelas forças naturais.

É um dom do Espírito Santo, e só se compreende vivendo intensamente a vida cristã (SM 1-2).

Depois dessa motivação, o autor expõe com muita segurança o caminho que leva à descoberta de Maria na história da salvação e à consagração a Ela, em um relacionamento de amor, identificação e total disponibilidade. A sua argumentação é simples:

– Deus chama todos à santidade;

– para atingir a santidade é indispensável a graça;

– para achar a graça temos de achar Maria (SM 3-23).

Apresentando o papel que Maria realiza na vida do cristão – e que consiste, fundamentalmente, em reproduzir nele a imagem do Cristo (SM 16-17) e projetá-lo para Deus (SM 21-22) –, o autor explica em que consiste a consagração a Jesus por Maria: doação total e luta por viver em referência constante a Maria (SM 28.43-52); encontro pessoal com Cristo, caminho de maturidade, de abertura aos irmãos, de fidelidade e liberdade espiritual (SM 36-42).

Para encorajar o cristão a percorrer esse caminho, Montfort apresenta os efeitos admiráveis da consagração mariana: identificação vital com Maria, crescimento no Cristo, aquisição das virtudes evangélicas, instauração do reinado do Cristo (SM 55-59).

Após as belas orações a Jesus, ao Espírito Santo e a Maria (SM 66-69) – nas quais é bom sublinhar a dimensão trinitária –, o segredo termina com um comentário espiritual da figura da árvore da vida, Maria, que "dará ao seu tempo o fruto de honra e graça, Jesus Cristo, que é e será sempre o fruto de Maria" (SM 70-78).

O GRANDE SEGREDO PARA NOS TORNARMOS SANTOS

[1]. Ó alma predestinada, eis aqui um segredo* que o Altíssimo me ensinou e que não encontrei em nenhum livro antigo ou moderno**. Confio-te esse segredo pela graça do Espírito Santo, com a condição;

– de só comunicares às pessoas que o mereçam pelas suas orações, esmolas, mortificações, perseguições, zelo pela salvação das almas e abnegação.

– de te servires dele para te tornares santa e celeste; porque este segredo só se torna grande na medida em que uma alma fizer uso dele. Longe de ti ficar de braços cruzados, sem trabalhar; porque o meu segredo tornar-se-ia para ti veneno e seria a tua condenação***...

– na condição de agradeceres a Deus, todos os dias da tua vida, a graça que te fez de te ensinar um segredo que não merecias saber.

E, à medida que te fores servindo dele nos trabalhos ordinários da tua vida, irás conhecendo o seu valor e excelência que, a princípio, não conhecerás senão imperfeitamente, por causa do número e gravidade dos teus pecados e das secretas afeições a ti mesma.

Comentário: * Montfort fala com frequência em seus escritos de "segredo". Segundo o pensamento de Montfort, o termo "segredo" deve ser entendido no seguinte sentido: 1) Como o conhecimento do lugar e da função de Maria no plano salvífico de Deus, que ainda não foi bem compreendido nem suficientemente traduzido para a realidade concreta da vida cristã. 2) Como uma graça particular que Deus dá e que nos é necessária para compreender e gostar da consagração a Nossa Senhora, que faz com que respondamos também com prontidão ao plano salvífico de Deus. 3) Este jeito de vida mariana não é simples conjunto de práticas piedosas, mas uma nova atitude espiritual que anima e orienta a vida, levando-nos a uma autêntica maturidade na fé.

** Essa afirmação deve ser lida no contexto do Amor da Sabedoria Eterna (ASE), 219; do segredo de Maria (SM), 42; e do Tratado da Verdadeira Devoção (VD), 118. 159. Montfort leu "quase" todos os livros que tratavam da devoção a Maria (VD 118; ASE 219), mas, entre as práticas comuns de devoção à Santíssima Virgem, ele não achou prática nenhuma parecida com a que ele mesmo quer apresentar, a qual "é tão antiga que não se pode marcar a sua origem" (VD 159; SM 42).

*** Esta advertência lembra o final da parábola dos talentos: Mt 25,26-30.

[2]. Antes de prosseguirmos, em um desejo precipitado e natural de conhecer a verdade, reza devotamente, de joelhos, a *Ave Maris Stella* e o *Veni Creator*, pedindo a Deus a graça de compreender e saborear este mistério divino. Como tenho pouco tempo para escrever e tu pouco tempo para ler, direi tudo em resumo.

I
NECESSIDADE DE UMA VERDADEIRA DEVOÇÃO A MARIA

A. É absolutamente necessária a graça de Deus

[3]. Alma, imagem viva de Deus e resgatada pelo sangue precioso de Jesus Cristo, a vontade de Deus a teu respeito é que te tornes santa como ele nesta vida e gloriosa como Ele na outra.

A tua vocação certamente é aquisição da santidade de Deus*; para isso devem tender todos os teus pensamentos, palavras e ações, os teus sofrimentos e todos os movimentos da tua vida; do contrário, resistes a Deus, não fazendo aquilo para que te criou e agora conserva. Ah! Que obra admirável! A poeira transformada em luz, a imundície em pureza, o pecado em santidade, a criatura em Cristo e o homem em Deus! Ah! Obra admirável! Repito, mas obra difícil em si e impossível à natureza entregue a si mesma; só Deus, por uma graça abundante e extraordinária, pode levá-la a bom termo; e a criação de todo universo não é uma obra tão excelente como esta.

Comentário: * O Concílio Vaticano II, lembrando a "vocação universal à santidade na Igreja", conclui: "Todos os fiéis, de qualquer estado ou condição, estão chamados à plenitude da vida cristã e à perfeição da caridade" (LG 40).

[4]. Tu, alma, como vais proceder? Que meios vais escolher para subir até onde Deus te chama? Os meios de salvação e de santificação são conhecidos de todos, estão apontados no Evangelho, explicados pelos mestres da vida espiritual, são praticados pelos santos e necessários a todos aqueles que querem salvar-se e chegar à perfeição; e são: humildade de coração, oração contínua, mortificação universal, abandono à Divina Providência, conformidade com a vontade Deus*.

> Comentário: * Montfort apresenta e desenvolve esses meios em outros trechos de suas obras. Por exemplo: humildade de coração: VD 143-144; oração contínua: ASE 184-193; confiança na Providência: ACM 3-4; conformidade com a vontade de Deus: AC 51-53.

[5]. Para praticar todos esses meios de salvação e de santificação, são absolutamente necessários a graça e o auxílio de Deus, e essa graça é dada a todos em maior ou menor abundância; disto ninguém duvida. Digo: em maior ou menor abundância porque, embora infinitamente bom, Deus não dá sua graça a todos no mesmo grau, embora dê a todos a suficiente. A alma, fiel a uma graça abundante, faz grandes coisas e, com uma graça menos abundante, faz pequenas coisas. O valor e a excelência da graça dada por Deus e seguida pela alma dão às nossas ações o seu valor e a sua excelência.

Esses princípios são incontestáveis.

B. Para alcançar a graça de Deus é necessário achar Maria

[6]. Tudo se reduz, pois, a encontrar um meio fácil para alcançar de Deus a graça necessária para vir a ser um santo, e é esse meio que te quer ensinar. E digo que, para achar a graça de Deus, é necessário achar Maria. Porque:

[7]. 1º – Só Maria achou graça diante de Deus, não só para si, mas também para cada homem em particular. Nem os patriarcas ou os profetas, nem todos os santos da antiga lei puderam alcançar esta graça.

[8]. 2º – Foi Ela quem deu o ser e a vida ao Autor de toda a graça e, por isso, Ela é chamada a Mãe da Graça *Mater Gratiae*.

[9]. 3º – Deus Pai, de quem todo o dom perfeito e toda a graça descem como da sua fonte essencial, dando-lhe o seu Filho, deu-lhe todas as suas graças, de maneira que, como diz São Bernardo, lhe foi entregue nele e com Ele a vontade de Deus.

[10]. 4º – Deus escolheu-a para tesoureira, administradora e dispenseira de todas as suas graças; de sorte que todas as suas graças e todos os seus dons lhe passam pelas mãos; e, conforme o poder que dele recebeu, segundo São Bernardo*, dá a quem Ela quer, como Ela quer, quando Ela quer e tanto quanto Ela quer as graças do Eterno Pai, as virtudes de Jesus Cristo e os dons do Espírito Santo.

> Comentário: * O Concílio Vaticano II apresenta esta colaboração maternal de Maria com estas palavras: "Com sua intercessão contínua obtém-nos os dons da salvação eterna" (LG 62). VD 23-25.

[11]. 5º – Como, na ordem natural, é necessário que uma criança tenha pai e mãe, assim também, na ordem da graça, é necessário que um verdadeiro filho da Igreja tenha a Deus por Pai e Maria por Mãe; e, se se gloriar de ter a Deus por Pai, sem ter a ternura de verdadeiro filho para com Maria, é um mentiroso que não tem senão o demônio como pai*.

> Comentário: * As fortes palavras que São Luís usa aqui não vão dirigidas àqueles que ignoram de boa-fé a missão maternal de Maria no plano de salvação, mas àqueles que a rejeitam ou não querem viver dita experiência até as últimas consequências. Pelo contrário, "é sinal de uma autêntica vida cristã e católica o fato de fazer crescer

e amadurecer em nós, com humildade e fidelidade, um amor pessoal e cheio de ternura para a Santíssima Virgem" (K. Rahner).

[12]. 6º – Já que Maria formou a Cabeça dos predestinados, que é Jesus Cristo, a Ela também pertence formar os membros dessa cabeça, que são os verdadeiros cristãos: porque Mãe não forma a cabeça sem os membros nem os membros sem a cabeça. Por isso, todo aquele que quiser ser membro de Jesus Cristo, cheio de graça e de verdade, tem de ser formado em Maria pela graça de Jesus Cristo, que reside nela em plenitude, para se comunicar em plenitude aos verdadeiros membros de Jesus Cristo e aos seus verdadeiros filhos.

[13]. 7º – O Espírito Santo, que desposou Maria* e nela, e por Ela, e dela gerou Jesus Cristo, a sua obra-prima, o Verbo Encarnado, como nunca a repudiou, continua todos os dias a gerar nela e por Ela, de maneira misteriosa, mas verdadeira, os predestinados**.

Comentário: * É com profunda intuição que Montfort percebe a colaboração de Maria com o Espírito Santo na Encarnação do Cristo e a formação dos fiéis. Alguns Santos Padres exprimiram essa colaboração em termos de aliança. O Concílio Vaticano II preferiu chamar Maria de "Templo

> do Espírito Santo" (LG 53) a "Esposa do Espírito Santo", para evitar certa confusão: considerar o Espírito Santo como Pai de Jesus e Maria como o seu complemento.

** Esse trecho é um resumo de VD 34-36.

[14]. 8º – Maria recebeu de Deus domínio particular sobre as almas para alimentá-las e fazê-las crescer em Deus. Santo Agostinho diz mesmo que, neste mundo, os predestinados estão todos encerrados no seio de Maria e não vêm à luz senão quando esta boa Mãe os dá à vida eterna. Por conseguinte, como a criança tira todo alimento de sua Mãe, que o dá proporcionado à sua fraqueza, assim também todos os predestinados tiram todo o seu alimento espiritual e toda a sua força de Maria.

[15]. 9º – Foi a Maria que Deus Pai disse: "In Jacob inhabita – Minha filha, habita em Jacó", isto é, nos meus predestinados, figurados por Jacó. Foi a Maria que Deus Filho disse: "In Israel hereditare – Minha querida Mãe recebe como herança Israel", isto é, os predestinados. Finalmente, foi a Maria que o Espírito Santo disse: "In electis meis mitte radices – Lança raízes, minha fiel esposa, nos meus eleitos". Por isso, em todo aquele que é eleito e predestinado, mora a Santíssima Virgem, quer dizer, habita na sua alma*, e, nela, Ele a deixa lançar raízes de profunda humildade, de ardente caridade e de todas as virtudes.

> Comentário: * A presença de Maria na Igreja encontra-se no início da caminhada da comunidade cristã. Vemo-lo no texto de São Germano de Constantinopla (em 733), Serm. In Dormit. B. M.: PG 98, 344. Não se trata de uma presença pessoal – como a da Santíssima Trindade, mas de uma presença medianeira na ordem da graça.

[16]. 10º – Maria é chamada por Santo Agostinho e é, na realidade, o molde vivo de Deus*, "forma Dei", quer dizer, só nela foi formado ao natural Deus-Homem, sem lhe faltar qualquer traço de divindade, e só nela o homem pode ser formado em Deus ao natural, tanto quanto a natureza humana disso é capaz, pela graça de Jesus Cristo.

Um escultor pode fazer uma estátua ou retrato ao natural de duas maneiras: servindo-se do seu talento, da sua força e ciência e do emprego dos seus instrumentos para fazer tal estátua de matéria dura e informe; ou pode vazá-la em um molde. A primeira é longa e difícil e sujeita a muitos acidentes: basta, muitas vezes, uma pancada de cinzel ou de martelo mal dada para estragar toda a obra. A segunda é pronta, fácil e suave, quase sem trabalho e sem custo, contanto que o molde seja perfeito e represente ao natural; com tanto que a matéria, de que se serve, seja perfeitamente maleável, não resistindo de forma nenhuma à sua mão.

> Comentário: * "Forma Dei": Santo Agostinho (*inter opera*), Serm. 208 in fest. Assumpt. B. M., n. 5: PL 39,2131. O verdadeiro autor desse sermão é Ambrósio Autpert (PL 89, 1275-1278). Montfort desenvolve e completa esta ideia em VD 219.

[17]. Maria é o grande molde de Deus, criado pelo Espírito Santo, para formar ao natural um Homem-Deus pela união hipostática e para formar um homem-Deus pela graça. Nenhum traço da divindade falta a este molde; todo aquele que nele é vazado e se deixa também plasmar, ali, recebe todos os traços de Jesus Cristo, verdadeiro Deus, de maneira suave e proporcionada à fraqueza humana, sem grande agonia e trabalhos; de maneira segura, mas sem medo de ilusão, porque o demônio não teve e jamais terá acesso a Maria, santa e imaculada, sem sombra da menor mancha de pecado.

[18]. Ah! Alma querida, como é grande a diferença entre uma alma formada em Jesus Cristo pelos caminhos ordinários daquele que, como os escultores, confiam na sua habilidade e se apoiam no seu talento e uma alma bem maleável, bem desprendida, bem fundida e que, sem nenhum apoio em si mesma, se lança em Maria e nela se deixa plasmar pela ação do Espírito Santo. Quantas manchas, quantos defeitos, quantas trevas, quantas ilusões, quanto de natural, quanto de humano há na primeira alma; e como a segunda é pura, divina e semelhante a Jesus Cristo!

[19]. Não há nem jamais haverá criatura alguma, sem executar os bem-aventurados, os querubins, os mais altos serafins no próprio Paraíso, em que Deus se mostre tão grande nas suas perfeições externas e internas, como na divina Maria. Ela é o Paraíso de Deus* e o seu mundo inefável, em que o Filho de Deus entrou para ali operar maravilhas, para guardá-lo e nele ter suas complacências. Fez um mundo para o homem peregrino e é a terra que habitamos; fez um mundo para o homem bem-aventurado, e é o Paraíso, mas, para si fez outro, ao qual chamou Maria; mundo desconhecido de quase todos os mortais aqui na terra e incompreensível a todos os anjos e bem-aventurados no alto dos céus, os quais, na admiração de verem a Deus tão sublime e distante de todos eles, tão separado e tão escondido no seu mundo, a divina Maria, exclamam dia e noite: Santo, Santo, Santo.

> Comentário: * Esta expressão "Paraíso de Deus" é única nas obras de Montfort. Em outros trechos fala do "Paraíso do Novo Adão".

[20]. Feliz e mil vezes feliz é, neste mundo, a alma a quem o Espírito Santo revela o segredo de Maria para que o conheça; e a quem abre este jardim fechado, para que nele entre, esta fonte selada, para que dela tire e beba, a longos tragos, as águas vivas da graça! Esta alma achará senão só Deus, sem criatura, nesta amável criatura; mas Deus ao mesmo tempo infinitamente Santo e elevado infinitamente condescendente e proporcionado à sua fraqueza. Já que Deus está em toda a parte, em toda a parte se pode encontrar, até nos infernos; mas não há nenhum lugar em que a criatura possa encontrá-lo mais perto de si mesma e mais proporcionado à sua fraqueza do que em Maria, pois que foi para isso que Ele e Ela vieram até nós. Em qualquer outra parte, é o Pão dos fortes e dos Anjos; mas, em Maria, é o Pão dos pequeninos.

[21]. Ninguém imagine, com alguns falsos iluminados, que Maria, por ser criatura, seja obstáculo à união com o Criador*; já não é Maria quem vive, é unicamente Jesus Cristo, é unicamente Deus quem vive nela. A sua transformação em Deus ultrapassa a de São Paulo e dos outros santos, mais que o céu ultrapassa a terra em altura. Maria não existe senão para Deus e tão longe está de prender uma alma a si mesma que, ao contrário, a lança em Deus e a une com Ele tanto mais perfeitamente quanto mais se une a alma com Ela. Maria é o eco admirável de Deus: quando lhe bradamos: Maria, Ela só responde: Deus! Quando com Santa Isabel lhe chamamos bem-aventurada, só glorifica a Deus. Se os falsos iluminados, de quem miseravelmente abusou o demônio até na oração, tivesse sabido achar Maria, e, por Maria, a Jesus, e, por Jesus, a Deus, não teriam tido tão terríveis quedas.

Quando um dia se encontrou Maria, e, por Maria, a Jesus, e, por Jesus, a Deus Pai, encontrou-se todo o bem; dizem-nos as almas santas**: "Inventa Maria, *invenitur omne bonum*". Quem diz todo, não executa nada: toda a graça e toda a amizade junto de Deus; toda a segurança contra os inimigos de Deus; toda a verdade contra a mentira; toda a facilidade e toda a vitória contra as dificuldades da salvação; toda a doçura e toda a alegria nas amarguras da vida.

> Comentário: * Maria, "longe de impedir a união imediata dos cristãos com o Cristo, favorece-a "(LG 60) VD. 164-168.

> ** Devemos citar aqui Ricardo de São Lourenço, De laudibus B.M.V. 1.2 (Bogardi, duaci 1625, col. 77A); Ramon Jordán (Idiota), Piae Lectiones seu contemplationes, in prooem. (Bourassé, Summa Aurea, vol. 4 col. 851) Montfort escreveu esse último texto no seu caderno de anotações.

[22]. Não é que esteja isento de cruzes e de sofrimentos aquele que por uma verdadeira devoção encontrou Maria, muito ao contrário, é mais assaltado que nenhum outro, porque, sendo Maria a Mãe dos vivos, dá a todos os seus filhos porções da Árvore da Vida, que é a Cruz de Jesus; mas, trabalhando-lhes boas cruzes, dá-lhes a graça de as levarem pacientemente e até alegremente, de sorte que as cruzes que Ela dá àqueles que lhe pertencem são antes doces ou cruzes adoçadas que cruzes amargas: ou se por algum tempo sentem a amargura do cálice que necessariamente é preciso beber para ser amigo de Deus, a consolação e a alegria, que esta boa Mãe faz suceder à tristeza, animam-nos infinitamente a levar cruzes ainda mais pesadas e mais amargas.

Conclusão deste primeiro capítulo:

É indispensável uma verdadeira devoção à Santíssima Virgem

[23]. A dificuldade está, pois, em saber achar verdadeiramente a divina Maria, para encontrar toda a graça abundante. Sendo Deus Senhor absoluto, pode comunicar por si mesmo o que ordinariamente não comunica senão por Maria; não se pode negar, sem temeridade, que o faça mesmo algumas vezes; ainda, se segundo a ordem que a divina Sabedoria estabeleceu não se comunica ordinariamente aos homens, na ordem da graça, senão por Maria*, como diz São Tomás. É necessário para subir e unir-se a Ele servir-se do mesmo meio de que Ele se serviu para descer até nós, para se fazer homem e nos comunicar suas graças; e este meio é uma verdadeira devoção à Santíssima Virgem.

Comentário: * Montfort apresenta a mediação universal de Maria na comunicação da graça, segundo o plano de Deus (ASE 207; SM 10.35; VD 23-25). Porém, reconhece que Deus fica soberanamente livre e não está ligado de maneira absoluta a nenhum meio nem pessoa para comunicar os seus dons ao mundo. O Concílio Vaticano II exprime a mesma doutrina quando diz: "Toda a influência salvífica da Santíssima Virgem não brota de uma necessidade ineludível, mas da vontade divina e da superabundância dos méritos de Cristo, apoia-se na mediação Dele, depende totalmente dessa mediação e tira dela o seu poder" (LG 60).

II
EM QUE CONSISTE A VERDADEIRA DEVOÇÃO À SANTÍSSIMA VIRGEM

A. Há várias verdadeiras devoções a Maria

[24]. Há, efetivamente, várias devoções à Santíssima Virgem: e não falo aqui das falsas*.

Comentário: * Montfort apresenta as falsas devoções em VD 92-104.

[25]. A primeira consiste em cumprir os deveres cristãos, evitando o pecado mortal, agindo mais por amor que por temor e rezando de tempos a tempos à Santíssima Virgem, e honrando-a como Mãe de Deus, sem nenhuma devoção especial para com Ela.

[26]. A segunda consiste em ter para com a Santíssima Virgem sentimentos mais perfeitos de estima, de amor, de confiança e de veneração. Induz a entrar nas confrarias do Santíssimo Rosário, do Escapulário, a recitar o Terço e o Santo Rosário, a honrar as suas imagens e altares, a publicar os seus louvores e alistar-se nas suas consagrações. E esta devoção, excluindo o pecado, é boa, santa, louvável; mas não é tão perfeita nem tão eficaz para afastar as almas das criaturas e desprendê-las de si mesmas para uni-las a Jesus Cristo (como a que segue).

[27]. A terceira devoção à Santíssima Virgem, conhecida e praticada por pouquíssimas pessoas, é aquela que te vou descobrir, alma predestinada*.

> Comentário: * Comparar esses três números com VD 99 e 115-117.

B. Prática perfeita da devoção a Maria ou Santa Escravidão de amor

I – Em que consiste

[28]. Esta consiste em dar-se totalmente como escravo a Maria e a Jesus por Ela; depois, em fazer tudo com Maria, em Maria, por Maria e para Maria*.

> Comentário: * Ordem apresentada em VD 257 de maneira diferente, mas conservando o mesmo sentido.

[29]. Deve-se escolher um dia importante para se dar, para se consagrar e sacrificar voluntariamente e por amor sem constrangimento, totalmente, sem reserva alguma, corpo e alma, bens exteriores de fortuna, como casa, família e rendimentos, os bens interiores da alma: méritos, graças, virtudes e satisfações.

É preciso notar aqui que, por essa devoção, se sacrifica a Jesus por Maria tudo aquilo que uma alma tem de mais querido e cujo sacrifício nenhuma religião exige – sacrifício do direito que se tem de dispor de si mesmo e do valor das próprias orações, esmolas, mortificações e satisfações; de maneira que tudo isso se deixa à inteira disposição da Santíssima Virgem, para que o aplique segundo a sua vontade, para maior glória de Deus que só Ela conhece perfeitamente.

[30]. Deixa-se à sua disposição todo o valor satisfatório e impetratório das boas obras: assim, depois da oblação que delas se fez, embora sem nenhum voto, já não se é senhor do bem que se faça; mas a Santíssima Virgem pode aplicá-lo, quer a uma alma do purgatório, para aliviar ou libertar, quer a um pobre pecador, para convertê-lo.

[31]. Colocam-se, por esta devoção, os próprios méritos nas mãos da Santíssima Virgem; mas, para que os guarde, os aumente, os embeleze; porque não podemos comunicar uns aos outros nem os méritos da graça santificante, nem os da glória. Mas dão-se-lhe todas

as orações e obras, enquanto impetratórias e satisfatórias, para que as distribua e aplique a quem lhe aprouver; e se alguém, depois de se ter assim consagrado à Santíssima Virgem, desejar aliviar alguma alma do purgatório, salvar algum pecador, sustentar alguns dos seus amigos pelas próprias orações, esmolas, mortificações, sacrifícios, será preciso pedir-lhe humildemente e ater-se àquilo que Ela determinar, sem o conhecer; ficando bem persuadido de que o valor das próprias ações, porque dispensado pela mesma mão de que Deus se serve para nos dispensar as suas graças e os seus dons, não pode deixar de ser aplicado para a sua maior glória.

[32]. Disse que esta devoção consiste em dar-se a Maria como escravo. Deve-se notar que há três espécies de escravidão.

A primeira é a escravidão de natureza; os homens bons e maus são escravos de Deus desta maneira.

A segunda é a escravidão de coação; os demônios e os condenados são escravos de Deus desta maneira.

A terceira é a escravidão de amor e de vontade; e é por esta que nos devemos consagrar a Deus por Maria, da maneira mais perfeita de que uma criatura se pode servir para se dar ao seu criador.

[33]. Nota ainda que haja muita diferença entre um criado e um escravo: – um criado quer o salário pelos seus serviços; o escravo não o tem. – O criado é livre de deixar o seu senhor quando quiser e não o serve senão por algum tempo; o escravo não pode deixá-lo justamente; está-lhe entregue para sempre. – O criado não dá ao seu senhor direito de vida e de morte sobre a sua pessoa; o escravo dá-se inteiramente, de sorte que seu senhor poderia matá-lo, sem ser por isso inquietado pela justiça.

Mas é fácil de ver que o escravo por constrangimento está na mais estreita das dependências, a qual não pode propriamente convir senão a um homem para com o seu Criador.

Por isso, entre os cristãos, não há tais escravos; só os turcos e os idólatras os têm assim.

[34]. Feliz e mil vezes feliz a alma generosa que se consagra a Jesus por Maria, como escrava de amor, depois de ter sacudido pelo Batismo* a escravidão tirânica do demônio!

Comentário: * Em VD 126-128, Montfort apresenta como "uma perfeita renovação dos votos e promessas do santo batismo".

II – Excelência desta prática de devoção

[35]. Ser-me-ia necessária muita luz para descrever perfeitamente a excelência desta prática: mas somente direi de passagem:

1º – Que se dar assim a Jesus pelas mãos de Maria é imitar a Deus Pai que não nos deu o seu Filho senão por Maria e que não nos comunica as suas graças senão por Maria; é imitar a Deus Filho que não veio a nós senão por Maria e que, tendo-nos dado o exemplo para fazermos como Ele fez, nos solicitou a vir a Ele pelo mesmo meio pelo qual veio a nós, que é Maria; é imitar o Espírito Santo que não nos comunica as suas graças e os seus dons senão por Maria. Não é justo, diz São Bernardo, que volte a graça ao seu autor pelo mesmo canal por onde nos veio?

[36]. 2º – Ir a Jesus Cristo por Maria é verdadeiramente honrar a Jesus Cristo, porque é afirmar que não somos dignos de nos aproximarmos da sua santidade infinita diretamente por nós mesmos, por causa dos nossos pecados,

e que temos necessidade de Maria, sua Santa Mãe, para ser a nossa advogada e a nossa medianeira junto dele, que é o nosso Mediador. É ao mesmo tempo aproximar-nos dele como de nosso mediador e nosso irmão e humilhar-nos diante dele como diante do nosso Deus e nosso juiz; em uma palavra, é praticar a humildade que arrebata sempre o coração de Deus.

[37]. 3º – Consagrar-se assim a Jesus por Maria é colocar nas mãos de Maria as nossas boas obras, as quais, embora pareçam boas, estão muitíssimas vezes manchadas e são indignas dos olhares e da aceitação de Deus diante de quem as estrelas não são puras. Ah! Supliquemos a esta boa Mãe e Senhora que, tendo recebido o nosso pobre presente, o purifique, o santifique, o eleve e embeleze de tal sorte que o torne digno de Deus. Para Deus, Pai de família, são menores todos os rendimentos da nossa alma, para ganhar a sua amizade e a sua graça, do que seria para o rei a fruta bichada de um pobre camponês, arrendatário da sua majestade, para pagar a renda da fazenda. Que faria este pobre homem se fosse habilidoso e fosse bem visto pela rainha? Amiga do pobre camponês e

respeitosa para com o rei, não tiraria ela desta fruta o que estivesse bichado e estragado e não a colocaria em uma bandeja de ouro cercada de flores; e poderia o rei deixar de recebê-la até com alegria, das mãos da rainha que ama aquele camponês? "Modicum quid offerre desideras? Manibus Mariae tradere cura, si non vis sustinere repulsam." Se desejas oferecer alguma coisa, embora pequena, diz São Bernardo, procura entregá-la pelas mãos de Maria, se não quiseres ser repelido.

[38]. Bendito seja Deus! Como vale pouco tudo aquilo que nós fazemos! Mas coloquemo-lo nas mãos de Maria por esta devoção. Quando a Ela inteiramente nos tivermos dado, tanto quanto alguém se pode dar, despojando-nos de tudo em sua honra, Ela será para nós infinitamente mais generosa, dar-nos-á "uma ovelha por um ovo"; comunicar-se-nos-á inteiramente com os seus méritos e virtudes; colocará os nossos presentes na bandeja de ouro da sua caridade; revestir-nos-á, como Rebeca revestiu Jacó*, das belas vestes do seu filho primogênito e unigênito, Jesus Cristo, isto é, dos seus méritos que Ela tem à disposição: e, assim como criados e

escravos seus, depois de nos termos despojado de tudo para honrar, teremos duplas vestes: "Omnes domestici eius vestibus sunt duplicibus": vestes, ornamentos, perfumes, méritos e virtudes de Jesus e Maria na alma de um escravo de Jesus e Maria, despojado de si mesmo e fiel no seu despojamento.

> Comentário: * Em VD 183-212, Montfort faz um comentário ampliado das figuras bíblicas de Rebeca e Jacó.

[39]. 4º – Dar-se assim à Santíssima Virgem é praticar, no mais alto grau possível, a caridade para com o próximo, visto que se tornar voluntariamente seu prisioneiro é dar-lhe o que de mais querido se tem, para que Ela dele possa dispor à vontade a favor dos vivos e dos mortos*.

> Comentário: * Em VD 132, Montfort responde umas quantas objeções sobre este ponto.

[40]. 5º – É por esta devoção que se colocam as graças, méritos e virtudes em segurança, constituindo Maria depositária* e dizendo-lhe: "Olhai, querida Senhora minha, eis o que, com a graça do vosso Filho querido, eu fiz de bem; não sou capaz de o guardar por causa da minha fraqueza e da minha inconstância, por causa do grande número e da malícia dos meus inimigos que me assaltam dia e noite. Ah! Se até se veem todos os dias cedros do Líbano cair no lodo e águias, que se elevam até o sol, tornarem-se corujas; mil justos igualmente caem à minha esquerda e dez mil à minha direita; mas vós, minha grande e muito poderosa Princesa, segurai-me, para que não caia; guardai todos os meus bens para que não roubem; "confio-vos em depósito tudo o que eu tenho – *Depositum Custodi. – Scio cui credidi*". Sei bem quem Vós sois, e por isso me confio todo a vós; sois fiel a Deus e aos homens, e não permitireis que pereça qualquer coisa daquilo que vos confio; sois poderosa, e nada pode fazer-vos mal nem arrebatar aquilo que tendes nas mãos. "Ipsam sequens non devias; ipsam rogans non desperas; ipsam cogitans non erras; ipsa tenente, non corruis; ipsa protegente, non metuis ipsa duce, non fatigaris; ipsa propitia, prevenis!" (San Bernardo. Inter flores, cap. 135, De Maria Virgine, página 2.150). E em outro lugar: "Detinet Filium ne percutiat, detinet diabolum ne noceat; detinet virtudes ne fugiant; detinet merita ne pereant, detinet gratias ne effluant". São as palavras de São Bernardo que exprimem substancialmente tudo o que acabo de dizer. Quando não houvesse, para me estimular a esta devoção, senão este único motivo de ser o meio seguro de me conservar, até de me fazer crescer na graça de Deus, eu só deveria deixar-me abrasar e inflamar por ela.

> Comentário: * Esse trecho é o resumo do oitavo motivo de VD. 173-178.

[41]. Para fazer ver a grandeza dessa devoção, seria preciso referir aqui todas as bulas e indulgências dos papas e as provisões dos bispos em seu favor, as confrarias estabelecidas em sua honra, o exemplo de muitos santos e grandes personagens que praticaram; mas tudo isso deixo de citar.

III – Sua fórmula interior e seu espírito

[43]. Disse ainda que esta devoção consiste em fazer todas as ações com Maria, em Maria, por Maria e para Maria.

[44]. Não basta ter-se dado a Maria uma vez, como escravo; também não basta fazê-lo todos os meses, todas as semanas: Seria uma devoção muito passageira e não elevaria a alma à perfeição a que pode elevá-la. Não custa muito alistar-

-se em uma associação, abraçar esta devoção e dizer algumas orações vocais todos os dias, como ela prescreve; mas a grande dificuldade é entrar no espírito desta devoção, que é tornar uma alma inteiramente dependente e escrava da Santíssima Virgem e de Jesus por Ela. Encontrei muitas pessoas, que, com ardor admirável, se puseram sob a sua santa escravidão, exteriormente; mas muito raramente encontrei quem tivesse o espírito dela e menos ainda quem nele tivesse perseverado.

As quatro diretivas da sua fórmula:

1ª Agir com Maria

[45]. A prática essencial desta devoção consiste em fazer todas as ações com Maria, isto é, em tomar a Santíssima Virgem como modelo perfeito de tudo aquilo que se deve fazer.

[46]. Por isso, antes de empreender qualquer coisa, é necessário renunciar a si mesmo e aos seus melhores modos de ver; é necessário aniquilar-se diante de Deus, como quem é de si incapaz de qualquer bem sobrenatural e de qualquer ação

útil para a salvação; é necessário recorrer à Santíssima Virgem e unir-se a Ela e a suas intenções, embora desconhecidas; é necessário unir-se por Maria a intenções de Jesus Cristo, isto é, colocar-se como instrumento nas mãos da Santíssima Virgem, para que Ela opere em nós, de nós e para nós, como bem lhe parecer, para maior glória do seu Filho, e pelo seu Filho, Jesus, para a glória do Pai; de maneira que não haja vida interior e operação espiritual senão sob a dependência dela.

2ª Agir em Maria

[47]. É necessário fazer tudo em Maria, quer dizer, é necessário habituar-se pouco a pouco a se recolher dentro de si mesmo, para aí formar uma pequena ideia ou imagem espiritual da Santíssima Virgem. Para a alma, Ela será o oratório* para nele dirigir a Deus todas as suas orações, sem temor de ser repelida; a Torre de Davi para se colocar em segurança contra todos os seus inimigos; a Lâmpada acesa para iluminar todo o inteiro e para arder de amor divino; o Ostensório sagrado para ver a Deus com Ela; e finalmente o seu Único Tudo junto de Deus e o seu socorro universal. Se rezar, será em

Maria; se receber Jesus pela sagrada comunhão, colocá-lo-á em Maria para nela ter as suas complacências; se agir será em Maria; e em toda parte e em tudo produzirá atos de renúncia a si mesma.

> Comentário: * No manuscrito, aquele que copiou, após escrever "oratório", apagou a expressão "do coração". Mas é provável que Montfort tenha citado uma expressão da Escola da Oração do Coração. Oratório do Coração é o último livro conhecido dessa escola de espiritualidade, segundo a qual o método de oração afetiva baseia-se na "comunicação não discursiva com Deus".

3ª Agir por Maria

[48]. É necessário ir sempre a Nosso Senhor só por Maria, pela sua intercessão e pelo seu crédito junto dele, de sorte que nunca o encontraremos só quando oramos.

4ª Agir para Maria

[49]. É necessário fazer todas as ações para Maria, quer dizer que, sendo escravo desta augusta Princesa, é necessário que já não se trabalhe senão para Ela, para seu proveito e para sua glória, como fim próximo, e para a glória de Deus, como fim último. Deve-se, em tudo o que se faz, renunciar ao amor próprio, que se torna quase sempre como fim de maneira imperceptível, e repetir muitas vezes do fundo do coração: Ó minha querida Senhora, é para Vós que eu vou aqui ou lá, que faço isto ou aquilo, que sofro este incômodo ou esta injúria!

IV – Três recomendações importantes sobre o espírito da Santa Escravidão

[50]. 1ª – Toma muito cuidado, alma predestinada, não acredites que é mais perfeito ir diretamente a Jesus, diretamente a Deus na tua oração e intenção se quiseres ir a Deus sem Maria, a tua ação, a tua intenção será de pouco valor; mas indo por Maria, será a ação de Maria em ti, e, por conseguinte, será muito elevada e muito digna de Deus.

[51]. 2ª – Além disso, toma cuidado em não te violentares para sentir e gostar daquilo que dizes e fazes: diz e faz tudo na pura fé que Maria teve na terra, que Ela te comunicará com o tempo: deixa, pobre escrava, à tua Soberana, a vista clara de Deus, os transportes, as alegrias, os prazeres, as riquezas e não tomes para ti senão a pura fé, cheia de desprazer, distração, tédio, secura; diz: "Amém", assim seja aquilo que faz Maria, minha senhora, no Céu; é o que de melhor faço presentemente.

[52]. 3ª – Toma cuidado ainda em não te atormentares, se não gozas tão cedo da doce presença da Santíssima Virgem no teu interior. Esta graça não é concedida a todos; e quando Deus por grande misericórdia favorece com ela uma alma, é-lhe muito fácil perdê-la, se não for fiel em recolher-se muitas vezes; e se esta desgraça te acontecesse, volta docemente e confessa a culpa à tua Soberana.

V – Frutos maravilhosos desta prática da Santa Escravidão

[53]. A experiência ensinar-te-á infinitamente mais que eu te digo, e acharás, se fores fiel ao pouco que te digo, tantas riquezas e tantas graças nesta prática, que ficarás surpreendido e a tua alma ficará totalmente repleta de alegria.

[54]. Trabalhemos, pois, alma querida, e façamos que, por esta devoção fielmente praticada, a alma de Maria esteja em nós para glorificar o Senhor, que o espírito de Maria esteja em nós para se alegrar em Deus, seu Salvador. São as palavras de Santo Ambrósio: "Sit in singulis anima Mariae ut magnificet Dominum, sit in singulis spiritus Mariae ut exultet in Deo – Que a alma de Maria more em nós para engrandecer o Senhor; que o espírito de Maria permaneça em nós para rejubilar em Deus". "E não julguemos que haveria maior glória e felicidade em habitar no seio de Abraão, que se chama o Paraíso, do que no seio de Maria, pois que neste colocou Deus o seu trono." São as palavras do sábio Abade Guérrico: "Ne credideris maiorem esse felicitatem habitare in sinu Abrahae, quis vocatur Paradisus, quam in sinu Mariae in quo Dominus posuit thronum suum".

[55]. Essa devoção, fielmente praticada, produz uma infinidade de efeitos na alma. Mas o principal – verdadeiro dom que as almas possuem – é o estabelecimento, neste mundo, da vida de Maria em uma alma, de maneira que já não é a alma que vive, mas Maria nela: ou, por assim dizer, a alma de Maria torna-se a sua alma. Ora, quando por uma graça inefável, mas verdadeira, a divina Maria é Rainha em uma alma, que maravilhas nela opera em segredo, particularmente no interior, mesmo sem o saber a alma que, se conhecesse essas obras, lhes destruiria a beleza.

[56]. Como em toda a parte Ela é a Virgem fecunda, gera em todo o interior onde Ela habita a pureza de coração e de corpo, a pureza nas intenções e nos desígnios, a fecundidade em boas obras. Não julgues, alma querida, que Maria, a mais fecunda de todas as criaturas, e que até foi o ponto de gerar um Deus, permaneça ociosa em uma alma fiel. Ela fá-la-á viver sem cessar em Jesus Cristo, e Jesus Cristo nela. "Filioli mei, quos iterum parturio donec formetur Jesus Christus in vobis" (Gl 4,19); e se Jesus Cristo é o fruto de Maria tanto para cada alma em particular como para as almas em geral, é particularmente na alma em que Ela está que Jesus Cristo é o seu fruto e a sua obra-prima.

[57]. Finalmente, Maria torna-se tudo para essa alma junto de Jesus Cristo: esclarece-lhe o espírito pela sua pura fé, aprofunda-lhe o coração pela sua humildade, dilata-o e abrasa-o pela sua pureza, enobrece-o e engrandece-o

pela sua maturidade. Mas que digo eu? A experiência é o único meio de ensinar estas maravilhas de Maria, as quais são inacreditáveis para os sábios e orgulhosos, e até para o comum dos devotos e devotas.

VI – Papel da Santa Escravidão nos últimos tempos

[58]. Como foi por Maria que Deus veio ao mundo pela primeira vez, na humilhação e no aniquilamento, não se poderia dizer também que há de ser por Maria que Deus virá pela segunda vez, como toda a Igreja o espera, para reinar em toda a parte e para julgar os vivos e os mortos? Como isso sucederá e quando sucederá, quem é que o sabe? Mas eu sei bem que Deus, cujos pensamentos estão mais afastados dos nossos do que o céu da terra virá em tempo e da maneira menos esperada dos homens, mesmo dos mais sábios e dos mais versados na Sagrada Escritura, que é muito obscura neste ponto.

[59]. É de crer ainda que, nos últimos tempos, e talvez mais cedo do que se pensa, Deus suscitará grandes homens cheios de Espírito

Santo e do espírito de Maria, pelos quais esta divina Soberana operará grandes maravilhas no mundo, para destruir o pecado e estabelecer o reino de Jesus Cristo, seu Filho, sobre o do mundo corrompido; e será por meio dessa devoção à Santíssima Virgem, que não faço senão traçar e diminuir com a minha fraqueza, que estes santos personagens de tudo triunfarão.

VII – Práticas externas da Santa Escravidão

[60]. Além da prática interior dessa devoção, da qual acabamos de falar, há outras exteriores que não se devem omitir nem desprezar... são elas:

1ª A Consagração e sua Renovação

[61]. A primeira é entregar-se a Jesus Cristo, em qualquer dia notável, pelas mãos de Maria, da qual se torna escravo, e comungar com esse objetivo naquele dia, e passá-lo em oração: e esta consagração renovar-se-á pelo menos todos os anos, no mesmo dia.

2ª A oferta de um presente
à Santíssima Virgem

[62]. A segunda prática é dar todos os anos, no mesmo dia, um pequeno presente à Santíssima Virgem, para lhe testemunhar servidão e dependência: tal foi sempre a homenagem dos escravos para com os seus senhores. Ora, este presente é alguma mortificação ou esmola, alguma peregrinação ou algumas orações. O bem-aventurado Marino, como refere seu irmão, São Pedro Damião, tomava a disciplina publicamente todos os anos, no mesmo dia, diante de um altar da Santíssima Virgem. Não se pede nem se aconselha este fervor, mas, se não se der muito a Maria, deve-se ao menos oferecer aquilo que se lhe apresenta, com coração humilde e grato.

3ª A celebração especial da Festa da Anunciação

[63]. A terceira é celebrar todos os anos, com particular devoção, a festa da Anunciação, que é festa principal desta devoção, a qual foi estabelecida para honrar e imitar a dependência em que se pôs neste dia o Verbo Eterno, por nosso amor.

4ª A reza da "Coroinha" e do "Magnificat"

[64]. A quarta prática exterior é dizer todo os dias, sem obrigação, sob pena de pecado algum se se faltar, a Coroinha da Santíssima Virgem, composta de três Pai-nossos e de doze Ave-Marias; e recitar muitas vezes o Magnificat, que é o único cântico que temos de Maria, para agradecer a Deus os seus benefícios e para atrair outros novos; sobretudo, não se deve deixar de recitá-lo após a Sagrada Comunhão, em ação de graças como, afirma o sábio Gerson, fazia a própria Santíssima Virgem depois da Comunhão.

5ª O uso da pequena corrente

[65]. A quinta é trazer ao pescoço, no braço ou no corpo, uma correntinha benta. Esta prática pode omitir-se sem mais, sem atingir o essencial desta devoção; contudo seria pernicioso desdenhá-la e condená-la, e perigoso desprezá-la.

Eis as razões que temos para usar este sinal externo:

– para servir de garantia contra as funestas correntes do pecado original e atual, com que estivemos ligados;

– para honrar as cordas e as correntes de amor com que nosso Senhor se dignou ser ligado, para nos tornar verdadeiramente livres;

– como essas correntes são vínculos de caridade "traham eos in vínculis caritatis", para nos fazer lembrar que não devemos agir senão movidos por esta virtude;

– e, enfim, para nos fazer lembrar da nossa dependência de Jesus e de Maria como escravos, que se tem o costume de trazer semelhantes correntes.

Vários personagens ilustres, que se tinham tornado escravos de Jesus e de Maria, estimavam tanto essas correntinhas que se lamentavam não lhes ter sido permitido arrastá-las publicamente nos pés como os escravos dos turcos.

Ó correntes, mais preciosas e mais gloriosas que os colares de ouro e de pedras preciosas de todos os imperadores, pois que nos ligam a Jesus e a sua Santa Mãe, e são os seus ilustres distintivos e librés.

Deve-se fazer atenção a que as correntes, se não forem de prata, sejam, pelo menos, de ferro, por causa da comodidade.

Nunca se deve tirar durante a vida, para que nos possam acompanhar até o dia do juízo. Que alegria, que glória, que triunfo para um escravo no dia do juízo levantar-se da terra, ao som da trombeta, os seus ossos ainda ligados pela corrente da escravidão, que se mostrará não ter apodrecido! Este pensamento por si só deve animar um devoto escravo a nunca deixar, por mais incômoda que possa ser, a natureza.

SUPLEMENTO

Oração a Jesus

[66]. Permiti, meu amável Jesus, que me dirija a vós para vos testemunhar o meu reconhecimento pela graça que me fizestes, dando-me a vossa Santa Mãe, pela devoção da escravidão, para ser a minha advogada junto de Vossa Majestade, e o meu suplemento universal na minha grande miséria. Ah! Senhor, sou tão miserável que, sem esta boa Mãe, estaria irremediavelmente perdido. Sim, Maria é-me necessária junto de vós, para tudo; necessária para vos acalmar na vossa justa cólera, pois que eu tanto vos tenho ofendido todos os dias; necessária, para deter os castigos eternos da vossa justiça que eu mereço; necessária para vos contemplar, para vos falar, orar a vós para me aproximar de vós e vos agradar; necessária para salvar a minha alma e a dos outros; necessária, em uma palavra, para fazer sempre a vossa santa vontade em tudo a vossa maior glória.

Ah! Pudesse eu publicar por todo o universo a misericórdia que tivestes para comigo! Pudesse toda a gente saber que, sem Maria, eu já estaria condenado! Pudesse eu render dignas ações de graças por tão grandes benefícios! Maria está comigo, "haec facta est mihi". Oh, que tesouro! Oh, que consolação! E eu, depois disto, não haveria de ser todo dela? Oh, que ingratidão! Meu querido Salvador! Enviai-me a morte antes que me aconteça tal desgraça: porque eu quero antes morrer do que viver sem ser todo de Maria.

Mil e mil vezes a tenho tomado, como São João Evangelista, junto à cruz, como toda a minha riqueza e outras tantas vezes a Ela me entreguei; mas se ainda não agi bem segundo os vossos desejos, meu querido Jesus, entrego-me agora a Ela como vós quereis que eu faça; e, se virdes na minha alma e no meu corpo alguma coisa que não pertença a esta augusta Princesa, peço-vos que me arranqueis e a lanceis para longe de mim, pois que, não sendo de Maria, é indigna de vós.

Invocação do Espírito Santo

[67]. Divino Espírito Santo, concedei-me todas estas graças e plantai, regai e cultivai na minha alma a amável Maria, que é a Verdadeira Árvo-

re da Vida, para que cresça, floresça e dê frutos de vida com abundância. Espírito Santo, dai-me uma grande devoção e um grande afeto para com a vossa divina Esposa, uni-me bem ao seu seio materno e fazei-me recorrer continuamente à sua misericórdia, para que nela formeis em mim Jesus Cristo ao natural, desenvolvido e forte, até a plenitude da sua idade perfeita. Assim seja.

Oração a Maria para os seus fiéis escravos

[68]. Ave, Maria, filha bem-amada do Eterno Pai; Ave, Maria, Mãe admirável do Filho; Ave, Maria, Esposa diletíssima do Espírito Santo; Ave, Maria, minha querida Mãe, amável Senhora minha e minha poderosa Soberana; Ave, Maria, minha alegria, minha glória, meu coração e minha alma! Vós sois toda minha por misericórdia, e eu sou todo vosso por justiça; e ainda não o sou bastante; a vós me dou totalmente de novo, como escravo eterno, sem nada reservar para mim nem para outrem.

Se alguma coisa virdes ainda em mim que não vos pertença, suplico-vos que a tomeis neste momento e que vos torneis a Senhora absoluta das minhas faculdades; que nelas destruais, desenraizeis e aniquileis tudo aquilo que desagrada a Deus, e nelas planteis, eleveis e opereis tudo aquilo que vos agradar. Que a luz da vossa fé dissipe as trevas do meu espírito; que a vossa humildade profunda ocupe o lugar do meu orgulho; que a vossa contemplação sublime sustenha as distrações da minha imaginação vagabunda; que a vossa visão contínua de Deus encha a minha memória com a sua presença; que o fogo de caridade do vosso coração dilate e abrase a tibieza e a frieza do meu; que as vossas virtudes substituam os meus pecados; que os vossos méritos sejam o meu ornamento e o meu suplemento diante da Deus. Enfim, minha Mãe querida e amabilíssima, fazei, se é possível, que eu não tenha outro espírito senão o vosso para conhecer Jesus Cristo e as suas divinas vontades; que não tenha outra alma senão a vossa, para louvar e glorificar o Senhor; que não tenha outro coração senão o vosso, para amar a Deus com amor puro e ardente como vós.

[69]. Não vos peço nem visões, nem revelações, nem prazeres mesmo espirituais. A vós pertence ver claramente, sem trevas; a vós

cabe saborear plenamente, sem amargura; a vós cabe triunfar gloriosamente à direita de vosso Filho no céu, sem humilhação alguma; a vós cabe ordenar absolutamente aos Anjos, aos homens e aos demônios, sem resistência e, enfim, dispor, segundo a vossa vontade, de todos os bens de Deus, sem reserva alguma.

Eis, divina Maria, a ótima parte que o Senhor vos deu e que jamais vos será tirada, o que me dá grande alegria. Quanto a mim, não quero, neste mundo, outra alegria senão aquela que vós tivestes, isto é: crer puramente, sem nada saborear nem ver, sofrer alegremente, sem consolação das criaturas; morrer continuamente para mim mesmo, sem descanso; trabalhar resolutamente para vós até a morte, sem interesse algum, como o mais vil dos vossos escravos. A graça única que vos peço, por pura misericórdia, é que, todos os dias e momentos da minha vida, eu diga três vezes amém, assim seja, a tudo o que vós fizestes na terra quando nela vivíeis; assim seja a tudo o que fazeis na minha alma, para que nela não haja nada senão vós para glorificar plenamente a Jesus em mim durante o tempo e a eternidade. Assim seja.

III
CULTIVO E CRESCIMENTO DA ÁRVORE DA VIDA

I. Santa escravidão de amor: a verdadeira árvore da vida

[70]. Compreendeste, alma predestinada, por obra do Espírito Santo, aquilo que acabo de dizer? Dá graças a Deus! É um segredo desconhecido de quase toda a gente. Se encontraste o tesouro escondido no campo de Maria, a pérola preciosa do Evangelho, é necessário vender tudo para a adquirir; é necessário que faças sacrifícios de ti mesma nas mãos de Maria e te percas de bom grado nela, para nela achares só a Deus. Se o Espírito Santo plantou na tua alma a Verdadeira Árvore da Vida*, que é a devoção que te acabo de explicar, é necessário que tomes todos os cuidados em cultivá-la, para que dê fruto a seu tempo. Essa devoção é o grão de mostarda de que se fala no Evangelho, que sendo, na aparência, a menor de todas as sementes, torna-se, contudo, muito grande e eleva a sua haste tão alto que as aves do céu, isto é, os predestinados nela fazem o ninho e à sombra dela repousam do calor do sol e nela se ocultam com segurança contra os animais ferozes.

Comentário: * A expressão "Árvore da Vida" vem do Gn 2,9. No pensamento de Montfort quer dizer:
   a) A árvore da cruz de Jesus Cristo (SM 22.).
   b) A Santíssima Virgem (SM 67.68).
   c) A mesma consagração a Jesus por Maria em sua dinâmica de crescimento (SM 70-78).

II. A árvore da vida

Eis, alma predestinada, a maneira de cultivá-la.

[71]. 1º – Sendo plantada esta árvore em um coração muito fiel, aspira por estar exposta a todos os vendavais, sem nenhum apoio humano; sendo divina, esta árvore aspira por estar sempre sem nenhuma criatura que possa impedi-la de se elevar para o seu princípio que é Deus. Assim não nos podemos apoiar na própria habilidade ou nos próprios talentos meramente naturais, ou no crédito e na autoridade dos homens: devemos sim recorrer a Maria e apoiar-nos no seu socorro.

[72]. 2º – É necessário que a alma, em que é plantada esta árvore, esteja sem cessar ocupada, como um bom jardineiro, em guardá-la e cuidá-la. Porque sendo viva e devendo produzir frutos de vida, deseja ser cultivada e desenvolvida por um contínuo olhar e contemplação da alma; e é próprio de uma planta perfeita pensar nela continuamente, fazer dela a sua principal ocupação.

[73]. É necessário arrancar e cortar os cardos e os espinhos que poderiam sufocar esta árvore com o tempo ou impedi-la de dar o seu fruto: quer dizer, é necessário ser fiel em cortar e arrancar, pela mortificação e violência a si mesmo, todos os prazeres inúteis e vãs ocupações com as criaturas; ou, por outras palavras, crucificar a própria carne, guardar silêncio e mortificar os sentidos.

[74]. 3º – É necessário vigiar que não a estraguem as lagartas. Estas lagartas são o amor próprio de si mesmo e das próprias comodidades, que comem as folhas verdes e as belas esperanças de fruto que a árvore dava: porque o amor a si mesmo e o amor a Maria não se conciliam de modo algum.

[75]. 4º – É necessário não deixar aproximar dela os animais. Estes animais são os pecados que poderiam, com o simples contato, matar a Árvore da Vida; é necessário que não lhe caia em cima nem sequer o seu bafo, isto é, os pecados veniais que são sempre muito perigosos, se não se faz caso deles...

[76]. 5º – É necessário regar sempre esta árvore divina, com comunhões, missas e outras orações públicas e particulares; senão, esta árvore deixará de dar frutos.

[77]. 6º – Não é preciso temer, se ela for agitada e sacudida pelo vento, porque é necessário que o vento das tentações a sacuda para a fazer cair e que as neves e as geadas a cerquem para a perder; quer dizer, esta devoção à Santíssima Virgem será necessariamente atacada e contradita; mas, uma vez que se persevere em cultivá-la, nada há de temer.

III. O fruto da árvore da vida é o amável e adorável Jesus

[78]. Alma predestinada, se assim cultivares a tua Árvore da Vida recentemente plantada pelo Espírito Santo na tua alma, asseguro-te que em pouco tempo crescerá tão alta que as aves do céu habitarão nela e tornar-se-á tão perfeita que, por fim, dará o seu fruto de honra e de graça a seu tempo, isto é, o amável e adorável Jesus, que sempre foi e será o único fruto de Maria.

Feliz a alma em que está plantada Maria, a Árvore da Vida; mais feliz aquela na qual cresceu e floriu; felicíssima aquela em que dá o seu fruto; mas a mais feliz de todas é aquela que saboreia e conserva o seu fruto até a morte e pelos séculos dos séculos. Assim seja.

"Qui tenet, teneat."

Quem compreendeu o segredo, guarde-o!

A DEUS SÓ HONRA E GLÓRIA

COROINHA DE NOSSA SENHORA

Permiti que vos louve, Virgem Santíssima,
dai-me força contra vossos inimigos.

Pai nosso... Ave, Maria...

Bem-aventurada sois vós, Virgem Maria,
que levastes em vosso seio o Senhor,
Criador do mundo;
destes à luz a quem vos formou e
permaneceis Virgem eternamente.
Alegrai-vos, Virgem Maria.
Alegrai-vos mil vezes.

Ave, Maria...

Santa e Imaculada Virgindade,
não sei com que louvores vos posso exaltar;
pois aquele que os céus não puderam conter,
vós o levastes em vossas entranhas.
Alegrai-vos, Virgem Maria.
Alegrai-vos mil vezes.

Ave, Maria...

Sois toda formosa, Virgem Maria,
e em vós não há pecado original.
Alegrai-vos, Virgem Maria.
Alegrai-vos mil vezes.

Ave, Maria...

As vossas qualidades, Virgem Maria,
são mais numerosas que as estrelas do céu.
Alegrai-vos, Virgem Maria.
Alegrai-vos, mil vezes.

Glória ao Pai...
Pai nosso... Ave, Maria...

Glória a vós, Imperatriz do céu,
conduzi-nos convosco aos gozos
do Paraíso.
Alegrai-vos, Virgem Maria.
Alegrai-vos mil vezes.

Ave, Maria...

Glória a vós, tesoureira das graças do Senhor;
dai-nos parte do vosso tesouro.
Alegrai-vos, Virgem Maria.
Alegrai-vos, mil vezes.

Ave, Maria...

Glória a vós, Medianeira entre Deus e
os homens;
tornai-vos propício a Todo-poderoso.
Alegrai-Vos, Virgem Maria.
Alegrai-Vos, mil vezes.

Ave, Maria...

Glória a vós, que esmagais as heresias
e o demônio;
sede nossa guia piedosa.
Alegrai-vos, Virgem Maria.
Alegrai-vos mil vezes.

Glória ao Pai...
Pai nosso... Ave, Maria...

Glória a vós, Refúgio dos pecadores;
intercedei por nós junto do Senhor.

Alegrai-vos, Virgem Maria.
Alegrai-vos, mil vezes.

Ave, Maria...

Glória a vós, Mãe dos órfãos;
fazei que nos seja propício o Pai
Todo-poderoso.
Alegrai-vos, Virgem Maria.
Alegrai-vos mil vezes.

Ave, Maria...

Glória a vós, Alegria dos justos;
levai-nos convosco às alegrias do céu.
Alegrai-vos, Virgem Maria.
Alegrai-vos, mil vezes.

Ave, Maria...

Glória a vós, solícita auxiliadora
na vida e na morte;
conduzi-nos convosco para o Reino do Céu.
Alegrai-vos, Virgem Maria.
Alegrai-vos, mil vezes.

Glória ao Pai...

OREMOS

Ave, Maria, Filha de Deus Pai; Ave, Maria, Mãe de Deus Filho; Ave, Maria, Esposa do Espírito Santo; Ave, Maria, Templo da Santíssima Trindade; Ave, Maria, Senhora minha, meu bem, meu amor, Rainha do meu coração, Mãe, vida, doçura e esperança minha, muito querida, meu coração e minha alma.

Sou todo vosso e tudo o que possuo é vosso, Virgem sobre todas bendita. Venha, pois, em mim a vossa alma para engrandecer o Senhor; venha em mim o vosso espírito para rejubilar em Deus. Colocai-vos, Virgem fiel, como selo sobre o meu coração, para que, em vós e por vós, seja eu achado fiel a Deus. Permiti, Mãe de misericórdia, que eu pertença ao número daqueles que amais, ensinais, guiais, protegeis, e sustentais como filhos. Fazei que, por vosso amor, desprezatodas as consolações da terra e procure sempre as consolações do céu, até que, para glória do Pai, Jesus Cristo, vosso Filho, seja formado em mim pelo Espírito Santo, vosso Esposo Fidelíssimo, e por Vós sua fidelíssima Esposa. Assim seja.

ÍNDICE

Introdução 5

O grande segredo para nos tornarmos
santos 9

**I. Necessidade de uma verdadeira devoção
a Maria** 11
a. É absolutamente necessária a graça
de Deus 12
b. Para alcançar a graça de Deus
é necessário achar Maria 14
Conclusão deste primeiro capítulo:
É indispensável uma verdadeira devoção
à Santíssima Virgem 24

**II. Em que consiste a verdadeira devoção
à Santíssima Virgem** 27
a. Há várias verdadeiras devoções a Maria ... 28
b. Prática perfeita da devoção a Maria
ou Santa Escravidão de Amor 29
I. Em que consiste 29
II. Excelência desta prática de devoção 33
III. Sua fórmula interior e seu espírito 38
As quatro diretivas da sua fórmula 39

1ª - Agir com Maria 39
2ª - Agir em Maria........................40
3ª - Agir por Maria 41
4ª - Agir para Maria.....................41

IV. Três recomendações importantes sobre o espírito da Santa Escravidão 42

V. Frutos maravilhosos desta prática da Santa Escravidão 43

VI. Papel da Santa Escravidão nos últimos tempos 46

VII. Práticas externas da Santa Escravidão

   1ª - Consagração e sua renovação 47

   2ª - A oferta de um presente à Santíssima Virgem 48

   3ª - A celebração especial da Festa da Anunciação..49

   4ª - A reza da "Coroinha" e do "Magnificat"..49

   5ª - O uso da pequena corrente 50

Suplemento...52

Oração a Jesus 52

Invocação do Espírito Santo............................53

Oração a Maria para os seus fiéis escravos..54

A marca FSC® é a garantia de que a madeira utilizada na fabricação do papel deste livro provém de florestas que foram gerenciadas de maneira ambientalmente correta, socialmente justa e economicamente viável.

Este livro foi composto com as famílias tipográficas Arial Narrow e Times New Roman e impresso em papel Offset 75g/m² pela **Gráfica Santuário**.

III. Cultivo e crescimento da árvore da vida 57
I. Santa escravidão de amor: a verdadeira árvore da vida 58
II. A árvore da vida 59
III. O fruto da árvore da vida é o amável e adorável Jesus 61

Coroinha de Nossa Senhora 63